ワンランクアップテクニック

STUDIO TAC CREATIVE

CONTENTS
目次

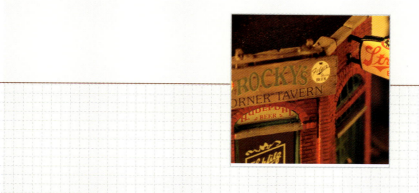

この本で製作する作品 …………………………………… 6

ジオラマ製作に使用する主な工具類 …………………… 22

ジオラマ製作に使用する主な素材類 …………………… 28

ジオラマ製作 …………………… 38

'60年代のガソリンスタンド …………… 40

酒場の風景 …………………………… 60

雪の大カーブ ………………………… 92

川と小道のある雑木林 ……………… 126

TECHNICAL COLUMN

材弘法筆を選ぶ? ……………………………………… 58
金属への塗装について① ……………………………… 59
金属を染める …………………………………………… 90
金属への塗装について② ……………………………… 91
草を立てたい …………………………………………… 124

Shop Information さかつうギャラリー ……………… 158

本物の「情景模型」を作りましょう

ジオラマはいわゆる模型の1ジャンルですが、基本的にはキットのような物は無く、素材を選んで全てを作り上げていくものです。そして、ジオラマを日本語にした時の「情景模型」という言葉が意味するように、その作り出すシーンには感情やストーリーといったものが必要になります。もちろん、単純に写真を見ながらその風景を再現することもできますが、それではやはり何かが

足りないのです。作り手がそのジオラマに込めたものが、見る人に伝わってこそ始めて本物の「情景模型」と呼べるようになるのではないでしょうか？　本書ではそんな「情景」を作り出すためのテクニックを紹介していきます。作例を製作していただくのは、プロの模型作家である坂本憲二氏です。プロの技術を学んで、ぜひ自分の情景世界を広げてください。

名前も知らない人々がすれ違う
小さなガソリンスタンドで
今日も、小さなドラマが生まれる

'60年代の
ガソリンスタンド

p.040

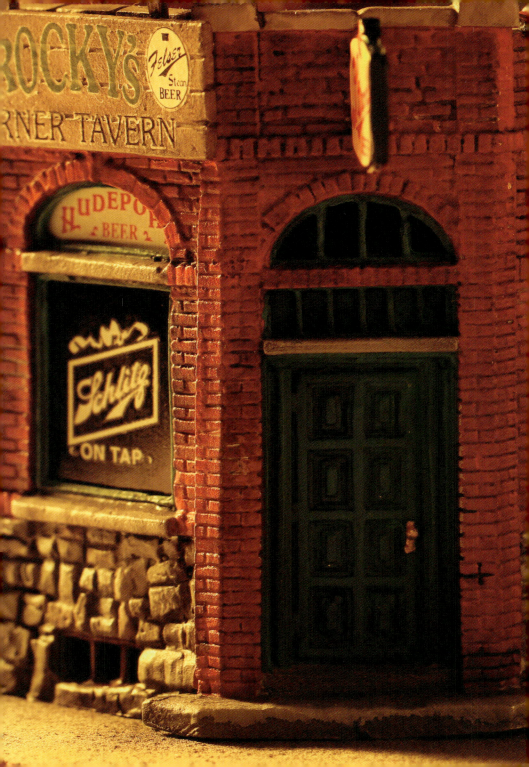

夕日が差し込むタバーンで
今日もいつもの面子がグラスを傾ける

酒場の風景
(タバーン)

P.060

北の国の鉄道が
大きなカーブの途中にある踏切に
ゆっくりと差し掛かる

雪の大カーブ

P.092

雑木林に沿って流れる
小川の静かな流れを聞きながら
木漏れ日の差し込む小道を歩いていく

川の小道の
ある雑木林

P.126

ジオラマ製作に使用する主な工具類

本書で製作と監修を努めていただいている、さかつうの模型作家坂本憲二氏がジオラマ製作時に主に使用している工具類を中心に紹介していきます。

ベース製作に使用する道具

接着剤

パウダーの接着に主に使用するのはスーパーフィックスです。その他、木工用ボンド、クラフトボンド、ボンドアクアリンカー、シーニックスセメント、速乾アクリアなどを用途に合わせて使います

先細容器

パウダーを撒く際に使う水で薄めた木工用ボンドは、このような先の細い容器に入れると使いやすくなります

茶こし

パウダーを撒く際に使います。網は荒目と細目を用意して、パウダーによって使い分けます

ジオラマ製作に使用する主な工具類

カッター
スチレンやスタイロのカット、フィギュアの部品カットやバリ取りに欠かせません

水スプレー
撒いたパウダーを馴染ませる際に、ベース全体に水を吹き付けるために使用します

ピンバイス
樹木を立てる際などに、穴をあけるためのドリルです。ドリル刃は交換式で、サイズを変えることができます

ピンセット
細かい部品の設置や、接着の際に欠かせない工具です。先端が細いタイプが使いやすいのでお勧めです

ヘラ
粘土やモデリングペーストの表面にテクスチャーを付けたり、整えたりする際に使用します

千枚通し
ピンバイスよりもルーズですが、簡単に穴をあけることができる道具です

耐水ペーパー（紙ヤスリ）
いわゆる紙ヤスリです。用途に合わせて目の荒さを使い分けます。板に貼って使うと、面出しに便利です

金属製ヤスリ
フィギュアの製作時の、バリ取りや出しに使用します

ヒートカッター
熱線を使ったカッターです。スタイロフォームをカットする際にあると便利な工具です

はんだゴテ
本書ではスーパーツリーの曲がりを修正する際に使用しています。また、電気工作の際には欠かせません

ジオラマ製作に使用する主な工具類

塗装の道具類

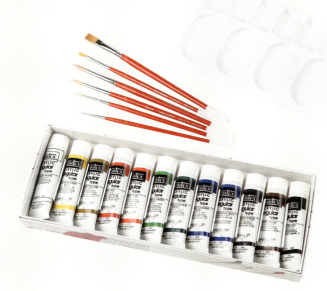

絵具・筆・パレット
ベースの塗装などには、アクリル絵の具を主に使用します。重ね塗りには、ガッシュなどの不透明アクリル絵具がより便利です

調色スティック
塗料の撹拌や、調色をする場合に使用します。先端がスプーン状になので、塗料をすくうのに便利です

汚し塗装用エナメル塗料
ウォッシングやウェザリングなどの汚し塗装には、溶剤で薄めたエナメル塗料を使用します

水表現用エナメル塗料
水表現素材などに色を付ける際は、クリヤー系のエナメル塗料が主に使われます

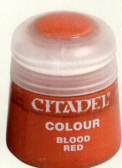

水性アクリル塗料
筆塗りをしても筆ムラが出にくいので、小物を筆塗りする際などに使用します

汚し塗料
ウェザリングやウォッシング用に、最初から薄めた状態で販売されている塗料です

黒染め用塗料
ラッカー系の塗料を3〜5倍に薄めたものを広口瓶に入れておくと、木材の黒染めに重宝します

ジオラマ製作に使用する主な工具類

ラッカースプレー
パウダーの上から色を乗せたい場合や、軽く吹き付けることで埃を被った表現ができます

情景テクスチャーペイント
地面を再現するのに使用する、セラミック粒子入の塗料です。乾燥すると、表面がザラザラとした感じに仕上がります

サフェーサー
塗装物の下地として塗るのはもちろん、コンクリートなどのマットなグレーを表現する際にも使用します

空き缶の利用法
ベースをスプレーでペイントする場合、このように空き缶を持ち手にすることで作業効率が上がります

ジオラマ製作に使用する主な素材類

ジオラマ製作に使用する、主な素材を紹介していきます。ここで紹介する以外にも様々なものがあるので、一度お店に足を運んでみましょう。

■ ベース素材

スチレン板・スタイロフォーム
ジオラマのベースに使用する、発泡材製の板です。柔らかいため、加工しやすいのが特徴です

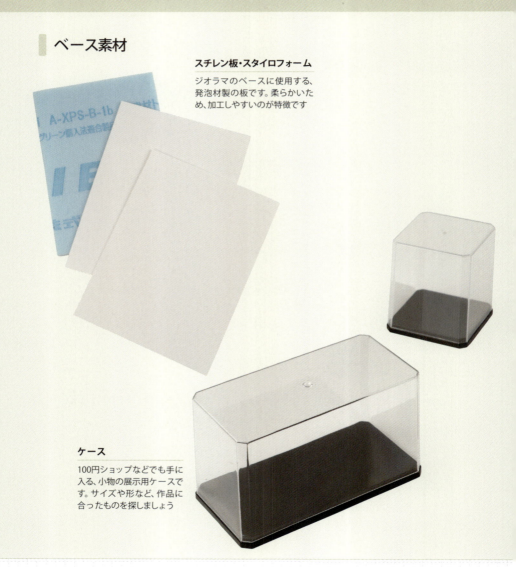

ケース
100円ショップなどでも手に入る、小物の展示用ケースです。サイズや形など、作品に合ったものを探しましょう

ジオラマ製作に使用する主な素材類

地面成形素材

粘土

大きく地形を盛り上げたりする場合は粘土を使用しますが、一気に厚塗りをするとヒビなどの原因となります。写真にはありませんが、「石粉粘土」が1cm程度の厚塗りをしてもヒビが入りにくい上、比較的軽量、乾燥後の加工も多少なら可能なのでおすすめです

モデリングペースト

粘土ほどではありませんが、多少なら立体感のある表面を作る時に使います。またアクリル絵の具と混ぜて着色することもできます

ストラクチャー

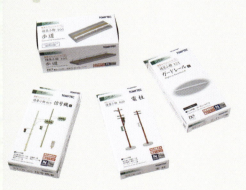

公共物

ジオラマに不可欠な電柱やガードレールといった公共物も、キットとして販売されています

建物

建物も数多くの種類が販売されているので、情景に合ったものをチョイスします

フレキシブルレール

自由に曲げて使うことができるレール素材です

パウダー類

■ 地面

カントリーグラス

モーリン製の「カントリーグラス」は6種類の色が用意されており、季節やシチュエーションごとに色を使い分けて緑の地面を表現します

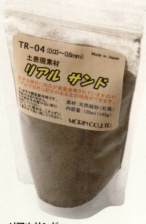

リアルサンド

モーリン製の「リアルサンド」は、砂地を表現するための素材です

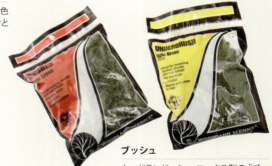

ブッシュ

ウッドランド・シーニックス製の「ブッシュ」と「アンダーブッシュ」は、茂みなどの深い緑を表現します

コースターフ

ウッドランド・シーニックス製の「コースターフ」は、通常のパウダーよりも荒く、厚みのある緑を表現します

ジオラマ製作に使用する主な素材類

■ 草

ジオラママット

これはパウダーではなく、シート状になった緑を表現する素材です。芝生などの、短めの草をイメージさせます

ミニネイチャー

高さのある草を表現する素材です。色味などのバリエーションがあるので、シーンに合わせて使い分けましょう

■ 石

Rストーン

石を表現する素材です。色や粒の荒さが様々あるので、使う場面に合ったものをチョイスして使用します

Rストーンの一例

Rストーンの粒の荒さを比較してみます。ここで紹介した以外にも大きさや形などがあるので、実際に手に取って必要なサイズ、形のものを手に入れましょう

■ 雪

スノーパウダー

雪を表現するパウダーです。粒子の荒さにバリエーションがあるので、サイズやシチュエーションに合わせて使い分けます

水表現素材

透明エポキシ樹脂

タミヤ製の2液を混合して使うタイプの素材です。無色なので、エナメル塗料などで色付けして使用します

ウォーターリプルズ

少し固めの水表現素材で、表面の流れや波などを表現するのに適しています。この他に、より大きな波を再現できる「ウォーターウェーブ」もあります

ジオラマ製作に使用する主な素材類

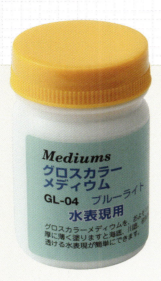

グロスカラーメディウム

透明な皮膜を形成する素材です。青系の色で塗装した上から塗ることで、川やおだやかな海の表面を作れます。写真の「ブルーライト」は、予めブルーに着色済みです

ジオラマ素材「水面」

シート状の水表現素材です。表面は凸凹していて、波立っている様子が再現されています

モデリングウォーター

チューブタイプの水表現素材です。硬化時間が短く、表面の引けも少ないので使いやすいのが特徴です。乾燥後に、シリコン独特のネバ付きが気にならない場所に最適です

デプコンET

2液タイプの水表現素材です。透明度が高く、表面の引けも経年変化も少ないといった、価格を除けば現状では最良とも言える水深用素材です

樹木類

オランダドライフラワー（スーパーツリー）
天然の植物を素材に使った、樹木製作用の素材です。切り貼りをすることで、自分好みの樹木を製作することができます

完成樹木「広葉樹」
ウッドランド・シーニックス製の完成樹木です。これは「広葉樹」のライトグリーンですが、他にも種類がラインナップされています

完成樹木「落葉樹」
バックマンの「落葉樹」セットです。季節感を出すことができるアイテムなので、その部分にもこだわって使用しましょう

ジオラマ製作に使用する主な素材類

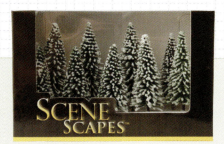

完成樹木「雪をかぶった冬の松の木」
雪景色製作する際に便利な、バックマン製のアイテムです

Nの木「紅葉」
1/150の樹木です。このアイテムは日本の秋を表現する際に、重宝します

完成樹木「広葉樹・紅葉色」
紅葉して色づいた木々が、大小セットになっています。遠近法を使って、奥行きを感じさせるジオラマにするのも良いでしょう

Nの木「晩秋柿」
秋の季節感を表現してくれる、実のなった状態の柿の木です。家屋の庭などに設置すると、和風テイストが、一気に強まるアイテムです

Nの木「源平松」
風を受けて斜めに伸びた松を再現しています。日本の海岸などを再現するのに欠かせません

ザ・樹木

トミーテックの「ザ・樹木」シリーズは、幹と枝がプラスチックでできており、それにフォーリッジを自分で貼って製作するようになっています

花

ブッシュがリリースしている、1/87スケールの花のフィギュアです。完成品とキットがあります

COLUMN

ジオラマ(情景)なんて難しくて作れっこない!

坂本憲二

　風景の一角を切り取ったもの。それが2Dであれば「写真」とか「絵画」、3Dになると「鉄道模型」とか「戦車模型(AFV)」などのジャンルによって呼び名は違う場合もありますが、まあ「ジオラマ」とか「情景模型」と云えばたいがいは通じる時代になりました。

　長年模型屋のオヤジをやっていると、昔と今とではお客様もずいぶん変わりましてね。昔の方々はほぼ100%模型が作れました。今(さかつうギャラリー)は違って20%くらいの方々は「見るだけ」でご来店になります。

　イエね「昔しゃー良かった。」なんて言う気はさらさらありません。電車に乗ってわざわざご来店いただく方も沢山いらっしゃいます、というより日本全国見渡しても「情景模型専門店(以下、ジオラマと情景模型を合わせて「情景」)なんて今のところありませんからほとんどのお客様はご遠方よりのご来店です。

　遠くから時間とお金をかけてわざわざご来店いただくからには情景にはとても興味はある、見てみたい! でも自分では作れそうにない。本誌をお買い上げいただいた方のなかにも沢山いらっしゃるのでないでしょうか? あるいは「さかつうギャラリー」なんて全く知らなかった方や、行きたいと思っても遠かったり、時間がなかったりで本書をお買い上げいただいた方々も含めればご来店いただける方より「作っては見たいけど難しそう」と考えている方の比率は相当高いように思います。

　それではその「作っては見たいけど難しそう。」と考えていらっしゃる方々に伺います。「あなたは写真は撮ったことないですか?」「子供の頃を含めて一度も絵を描いたことはありませんか?」確かにその道のプロとはカメラやレンズ機材が違うかも知れないし、絵を描く環境も画家とは違うでしょう。でもはなっから「プロと同じ写真が撮れないから。」と写真を全く撮らない人は稀なのではないですかねえ。

　模型で言えば、自分の完成目標をどこに置くかなんです。ハッキリ言って昨日今日始めた人が長年作っている人やプロ級の人と同じものを作るのは非常に困難なんです。誤解を恐れず云えば「できっこない!」、そんなことができたら失敗を繰り返しながら今にたどり着いている人たち(模型作家)が、私も含め泣いてしまいます。

　私も何度か模型製作の講座を持ち、小学生からご年配まで、男女含めて多くの方々に受講していただきましたが最後までできなかった方はいません。この事実は声を大にしていえることです。もちろん出来上がりのクオリティーは様々です。しかし、完成後の喜びは作った人々が等しく味わうことができ、それこそが「物づくり」の楽しさなのです。

'60年代のガソリンスタンド
P.40

ジオラマ製作

酒場の風景
P.60

雪の大カーブ
P.92

それぞれにテーマを持たせた、4種類のジオラマを製作していきます。それぞれのジオラマを製作する工程を紹介していますが、そこで使われている技法を習得して、この先のジオラマ製作のためのヒントにしましょう。

川と小道のある雑木林
P.126

'GAS STATIONS IN '60S
'60年代のガソリンスタンド

完成品をメインに使って
古き良きアメリカの
風景を再現

　組立も塗装も終わっている完成品を使って、お手軽な割に見栄えのするジオラマを作ってみましょう。ケースは透明アクリルのカバー付きなので完成後のホコリなどの心配もなく、アプローチや居間などに飾って楽しめます。
　再現したのはアメリカの'60年代のガソリンスタンドで、スケールを合わせたフィギュアを配置して、それぞれにちょっとしたストーリーを作っています。この「ストーリー」はジオラマを作るときのひとつのキーワードであり、それぞれのフィギュアにストーリーを持たせることで、配置が自然と決まり、不思議とジオラマに活気が出ててくるのです。

街道沿いのガソリンスタンドに、様々なドラマが生まれます

1 地面に置いてあるタイヤなどは影を付けて、ベースに馴染ませます 2 車が走っている感じを出すために、地面に方向性を持って地面をウェザリングします 3 フィギュアにはストーリーがあります。これは「おしっこをする子供を隠すママ」です 4 ゴミなどもウェザリングをして影を付け、ベースに馴染ませます

'60年代のガソリンスタンド **GAS STATIONS IN '60S**

行き交う車1台ずつのストーリー

使用する主な素材

このジオラマ製作に使用する、主な素材を紹介します。主役となるのはウッドランド・シーニックス製のガソリンスタンドで、スケールは1/160です。1/150と混ぜてもあまり違和感はありません。フィギュアをアレンジして、好みの風景を作り出してみましょう。

ケース
100円ショップで手に入る、300円の大型ケースです。高さのある透明カバーが付くので、樹木なども立てられます

建物
ウッドランド・シーニックス社製の、古い時代のガソリンスタンド（商品名Fill'er UP & Fix'er、品番BR4922）です

樹木
樹木は「きたろく」製のけやきです。色々なメーカーから出ているので、好みの樹木をチョイスしましょう

雑草
雑草に使用しているのは、ミニネイチャーのシリーズです。好みに合わせて、使い分けましょう

自動車と人
上段左から時計回りに、Family Vacation、Carburetor Chaos、Pit Stop、Shove it or Leave it

PARTS LIST
- ストーン調スプレー
- エナメル塗料
- エナメル溶剤
- スチレン（3mm厚）

ベースの製作

ベースを製作していきます。ケースの台座の形に合わせてスチレンをカットして、表面に色を塗ります。ベースの塗装に使用する塗料は、アサヒペン製の「ストーン調スプレー」で、グレーの部分には「グレーグラナイト」を吹き、土色の部分は「マッドストーン」を吹いています。

01 ケースは100円ショップで販売されている、300円の物を使います。手前がラウンドしていますが大きさはベースを含んだ外寸で間口約23cm、最大奥行き13.5cm、高さも13.5cmです

02 まずはスチレンをベースに合わせて切り出しますが、その準備として厚紙にベース上段よりわずかに(2mm程度)小さい図を描きながら大きさや手前のカーブに合わせていきます

ベースの製作

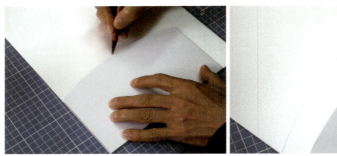

03 切り出した厚紙を型紙にして、3mm厚のスチレンをシャープペンシルでなぞって印をつけます

04 正面のカーブは厚紙をあて、慎重に切ります。この時のカッターの切れ味は大切で、刃を折ったばかりの一番切れる状態で使いましょう。直線は金属定規を使って真っすぐ切ります

切り出したスチレンの四隅は600番程度の耐水ペーパー（紙やすり）を使って、ベースに合わせてRをつけます

05

'60年代のガソリンスタンド **GAS STATIONS IN '60S**

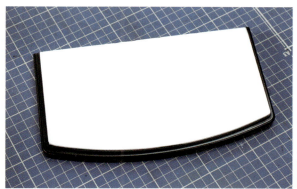

ベースと合わせながら少しずつ調整し、このような状態に仕上げます

06

07 乾燥するとザラザラの石肌調になる、「ストーン調スプレー」でベースを塗ります

吹き付ける場合は長めの端材をスチレンの裏に両面テープで貼り付け、持ち手を付けると塗りやすくなります。また、塗料を吸い込まないように必ずマスクを着用してください。。グレー部分は「グレーグラナイト」を3度吹き、土色の部分は「マッドストーン」を1回吹き付けてあります

08

ベースの製作

ガソリンスタンドは、ベースに対してやや斜めに配置すると構図に変化が出ます。ガソリンスタンドの配置に角度を合わせて、土部分を塗装しましょう。舗装部分と土部分の境目はボカシて塗ると、郊外のホコリっぽい感じが出せます

09

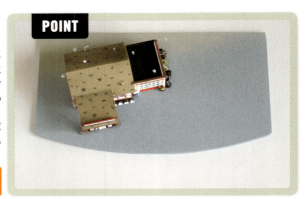

10 塗りあがったスチレンをケースのベースに貼り付けます。スチレンの裏に両面テープを貼ります。テープの無い部分にはボンド布用クリヤーを塗ってベースに貼り付けます

位置を合わせてベースに貼り付けます。接着には両面かボンドのいずれかで良いように思いますが、両面だけだとベースに置いてから微妙な位置決めで動かしたい時に動かず、また経年変化にも不安があります。一方ボンドだけでは、乾燥前に押し付けるとずるずると動いてしまうので併用します

11

'60年代のガソリンスタンド **GAS STATIONS IN '60S**

フィギュア類の設置

ベースを製作したら、その上にフィギュア類を設置していきます。中心となるガソリンスタンドの建物の位置を最初に決め、それを基準に残りのフィギュア類を設置します。また、設置したフィギュアとベースを視覚的に馴染ませるために、ウェザリングの手法で影を付けていきます。

ガソリンスタンドの用意

ジオラマの中心はウッドランド・シーニックス社(アメリカ)製の古い時代のガソリンスタンド(商品名Fill'er UP & Fix'er、品番BR4922)で塗装済み完成品、縮尺はNスケール 1/160です。若干縮尺が異なりますが、日本でいうところのNゲージ 1/150と同じカテゴリーの製品です

01

02 ポールの根元が曲がっていて、修正に神経を使いました。海外製品ではよくあるので、「自分で直す」覚悟が必要です

49

ガソリンスタンドの設置

日本の「きたろく」製でけやきの2本組。「アメリカの情景にけやき?」と思うかもしれませんが、明るいグリーンの葉と下枝のない樹形がよく雰囲気に合っていると思い、これを選びました

01

植える樹木とのバランスも考えながら、建物と木の配置を検討します

02

03 ガソリンスタンドの位置や角度を決めたら、建物の裏にボンド布用クリヤーを塗ってベースに取り付けます

影を付ける

建物の陰になる部分には暗く陰をつけると、取って付けたような不自然な感じから、いかにも地面に建っているといったリアル感が出ます。塗料はタミヤのエナメル系塗料の黒色ならXF-1、つや消し黒を使いますが、場所によって使い分けます。塗料を溶剤のX-20で薄く溶きます

01

一番濃くなる奥の部分に塗装、その後筆に溶剤のみを含ませてにじませるようにしながら徐々に明るくなるようにグラデーションをつけていきます

02

塗り終えた状態です。もし全般的に濃すぎると感じた場合は、溶剤を含ませたボロ布でぬぐい取りましょう

03

樹木の設置

01 樹木は 2 本組の中から 1 本だけ使います。製品に付いている台座は取り外し、作例では使いません

02 木を植えるための穴をあけますが、いきなり太いドリルの刃だと、位置がずれやすく力も必要なので 2 段階に分けて穴を広げていくと良いでしょう。ちなみに作例では細い白い刃の方が1.5mm、太くて黒い刃が2.5mmを使っていますが、これは植える木の根元の太さを測って決めます

'60年代のガソリンスタンド **GAS STATIONS IN '60S**

02であけた穴に、ボンドをたっぷり流し込みます

03

04 穴に樹木を差し込んで固定します。この時、念のためカバーをかぶせて枝の当たりなど不都合がないか確認をしておきます。多少の当たりであれば、枝が金属なので曲げて逃げることもできます

フィギュア類の設置

05 枝を調整したら、基本的な樹木の設置は終了です

樹木の根元にも建物の陰同様に、今度は茶色で陰をつけておきます

06

茶色で影をつけたことで、樹木とベースの繋がりが自然に見えるようになります

07

雑草の設置

01 ミニネイチャーの雑草を使います。透明のフィルムに沢山の雑草が大小の株になってついているので、好みの株をピンセットなどでフィルムからはがして使いましょう

株の裏にボンドを塗り、ピンセットを使って好きな位置に貼ります

02

作例では木の下の三角の部分と、ポールの下に小さなものしか植えませんでしたが、好みでもっとたくさん植えても楽しいでしょう

03

フィギュア類の設置

自動車の設置

最後に自動車を配置します
01

タイヤが回るようになっていますが、固定したいのでまずは車軸に瞬間接着剤を流し込み回らないようにしてしまいます。こうした方がジオラマに接着配置する場合にやりやすくなります。車軸の固定は前後ともおこない、ジオラマに接着するにはボンド布用クリヤーをタイヤの4ヵ所に塗って固定します
02

03 人形など小さなものを配置する時には、まず大きな自動車で基本的な置き位置を決めます。自動車の接着剤が乾いてから人形などを立てると、自然なポジションが作りやすくなります

'60年代のガソリンスタンド **GAS STATIONS IN '60S**

これはガス欠した車を押している様子です。全体のバランスを見て配置しましょう

04

05 溶いたエナメル塗料を塗るのは陰だけではありません。写真左では黄色いワゴン車が停まって見えますが、右写真のように横方向に薄く黒を流すだけで走っているように見えてきます

完 成

完成です。好みに合わせて、建物や自動車の年代を変えてみるのも良いでしょう

06

57

TECHNICAL COLUMN

弘法筆を選ぶ?

　本書の作例では、細かい塗り分けも含めて筆塗を沢山おこなっています。皆さんは今まで「塗り分けがどうもうまくいかない。」「色ののびが悪い」これらを全部自分の「腕」のせいだと思っていませんか? あるいは、まだ初心者だからセットで100円の安い筆でいい、と思っていませんか? まあ、当たっている部分もあるかも知れませんが、塗装結果は筆の良し悪しや、筆の手入れに大きく左右されています。

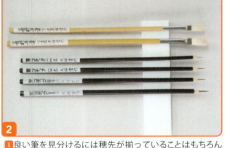

❶良い筆を見分けるには穂先が揃っていることはもちろんですが、見かけが良くても使われている毛の種類や腰の強さなど、使ってみなければわからないものでもあります。したがって使う前ならブランドを信用するしかないわけですが、ここでお勧めする西野天祥堂という筆屋さんは明治6年創業というから130年以上の歴史を持つ老舗、しかも現在の社長が模型ファンなので我々にとって間違いのない筆を供給してくれていると言って差支えないでしょう ❷写真の丸筆は黒ゴヂックという筆で極細の000号から1号までを写してありますが小さなジオラマ用途ではこれだけ揃えられればほぼ万能で使えます。さらに贅沢を言えば平筆の2種類でしょうか。この平筆は長穂と呼ばれ一般の平筆と比べて、腰を強く、穂を長くして、角がキッチリ出るのが特徴です ❸これは筆の使い方の悪い例です。洗い方が充分ではないため、穂の根本に塗料が溜まってしまいます。ここに塗料や絵具を溜めない様、よく洗って下さい。穂の根本で塗料などを固めると毛と毛の間が広がってしまいます。根本で毛の間が広がると、穂先ではその何倍も広がってしまいますので、穂先が纏まらなくなり、とても書き難い筆になってしまいます。そうならない様、使用後は直ぐに塗料を洗い流すほか、写真のように使用中でも穂の中間にこぶのように塗料が溜まったら迷わず水や溶剤できれいに洗いリセットして、いつも気持ちよく使ってください

金属への塗装について①

金属に塗装をする時は下塗りが必須と言われていますが、なぜ必要なのかも合わせて検証してみましょう。右写真は下塗りとして使われるもので左の2本のスプレーは金属だけでなくプラスチックも含め模型では広く一般的に使われるサフェーサーです。カン入りのものはガイアマルチプライマー（以下ガイア）というもので、金属のほかレジンにも有効と製品に書いてあります。一番右の赤いボトルはMr.メタルプライマー（以下ミスター）という商品でこれは金属用下地塗料として表記されています。今回下塗りとして使ったのは右側の2本です。

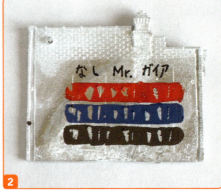

1 最初のテストは本誌の記事で使ったダバーンの壁板で、これだけ広い一枚板がなかなかないので作例ではありますが裏側を使いました。通常はダバーンの製作説明にもあるように、塗装前にクレンザーなどで洗浄しますが今回はさらに条件を悪くするため、洗浄をせずに行ないました。下地としては文字が書いてある左より、下塗り無し、ミスター、ガイアの順です。塗り重ねた塗料は上の赤からミスターカラー、青が水性アクリルのシタデル、こげ茶がアクリル絵の具ガッシュです **2** 塗装手順は下塗りのあるものは下塗り後2～3時間おき、乾燥したと思われる頃にそれぞれの本塗りを行ない、再び2～3時間後に強度テスト、さらに翌日に再度塗膜の強度テストを行いました。各々のひっかき傷は左から「爪で強くこする」「楊枝の頭でこする」「マイナスドライバーでひっかく」です。結果はご覧の通りで下塗りがないとドライバーでこすった時に、大きく剥がれるのに対し、特にガイアでは場合によって本当に先のあったった部分のみしか剥がれないなど明らかな効果が見られました

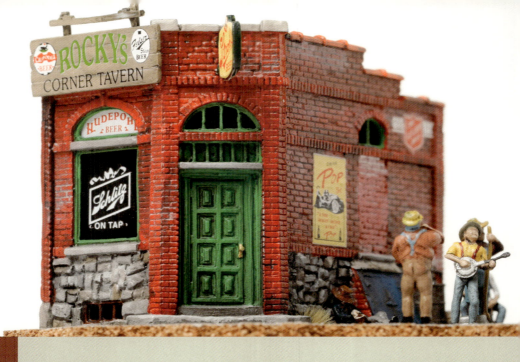

Tavern
酒場(タバーン)の風景

メキシコあたりの酒場をメインにひと味違ったジオラマに

　ホビー先進国、アメリカやヨーロッパには優れた情景模型の組立キットや人形が沢山販売されています。ただ、「優れた」=「組み立てやすい」という意味ではありません。ここで言う優れたとは「製作意欲をかき立てられる」と置き換えています。つまり、日本ではとても商品化されないような、ニッチな分野まで楽しめるということです。ここではアメリカの鉄道模型市場に向けた金属製の組み立てキットを組み立てていきます。今回使用するのはHOスケールですが、アメリカ型では実物の1/87の縮尺を採用しているというだけで、別に鉄道模型をやっていなければ作れない、あるいは作ってはいけない、というものでは全くありません。それどころか、鉄道模型の縮尺に準じて模型を作ると、鉄道車輌、自動車、人形や建物等沢山の製品が利用できます。

1

2

3

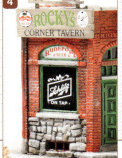

4

1 バンドは楽しさを演出する名脇役です **2** 建物はウェザリングして、少し古びたイメージに仕上げます **3** ゴミなどもキットに付属しているので、バランスを見て配置します **4** 窓はスモークへと作り替えています

酒場(タバーン)の風景 **Tavern**

小さな酒場の風景を再現

使用する素材類

このジオラマ製作に使用する、主な素材を紹介していきます。ケースは丸型で、木材を使った高級なものをチョイスしました。主役となる酒場は、ウッドランド・シーニックスのメタル製で、「Rocky's Tavern」というキット名で販売されているものです。

ケース
ベースの素材に桜材を使った、高級なディスプレーケースです。インテリアとして充分に見栄えがします

建物
ウッドランド・シーニックス製のメタルキット。今回使用するのは左側の「Rocky's Tavern」です

バンド
使用するのは、ウッドランド・シーニックス社から発売されているジャグバンド(品番A1902)です

コルク板
ベースの上に敷く、7mm厚のコルク板です。ベースよりもひと回り大きなサイズを用意します

雑草
雑草に使用するのは、ミニネイチャー製の草です。多数種類があるので、好みのものをチョイスします

PARTS LIST
- グレインペイント
- アクリル塗料
- アクリルうすめ液
- クレンザー
- 歯ブラシ
- 厚紙
- 耐水ペーパー

酒場（タバーン）の風景 **Tavern**

建物の製作

メタル製のキットを組み立てていきます。海外製のメタルキットは少々作りが荒く、バリなどがそのまま残っているのが一般的です。製作の際は、そのバリを取り除くことから始めなければなりません。しっかりとした下準備が、メタルキット製作最大のポイントと言えるのです。

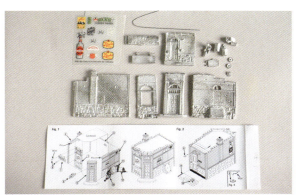

01 キットの内容です。メタル部品の他ドライトランスファーと呼ばれる看板デザインが入っています。これはデカールとは異なり、台紙ごと転写部分に押し付け、へら状のものでこすりつける転写フィルムです。説明書は写真のようにシンプルなもので、英文が解読できなくても全く心配はいりません

下処理

キットの状態ではこんなに荒れています。ただ材質が金属とは言え、メタルは軟らかいのでカッターナイフや薄いバリは楊枝を使って取り去ることもできます

01

建物の製作

側面にもバリが確認できます。軟らかさは半面、部品を反らせていることもあり、バリと一緒に反りも指の腹などを使って直しておきます

02

窓部分の鉄格子の間のバリは薄いので、カッターや爪楊枝を使って取り除くことができます

03

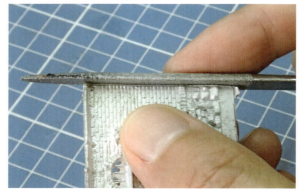

側面のバリは大きいので、金属製のヤスリを使って削り落としました

04

酒場(タバーン)の風景 **Tavern**

05 部品の側板の一枚にひどいバリがありました。本来ある鉄格子よりも大きいもので、これを取ろうとすると本来の部分が取れてしまうため、思い切って2本とも撤去。新たにステープラーの針程度の太さの金属片を、ちょうどいいサイズにカットして接着剤で貼り付け格子を再生しました

本体の組み立て

部品には油などが付着している可能性があり、塗装剥がれを未然に防ぐためにクレンザーなどでよく洗浄します。写真では液体クレンザーを使っていますが、より粒子の粗い粉末クレンザーを使うとさらに良いでしょう

01

建物の製作

部品が乾いたら、まずは側板4枚を組み立てます。接着剤をつける前に合いを確かめ、必要ならヤスリがけ、反り直しをして水平、直角を出します。まずは少量の瞬間接着剤で仮留めし、問題がなければより多くの瞬間接着剤やクラフトボンドでしっかり固定しましょう

02

側板を接着したら、平面に置いてゆがみ等が無いことを確認します。側板組み立てが乾燥したら、次はベースと接する部分に角材を接着していきます

03

角材部品はキットに付属していないので、3mm角くらいの木材を切って使います。メタルは重いため、接着面積が狭いとベースからはがれる恐れもあり、角材を底辺部に張り巡らすことによりしっかり固定します。同時に屋根板を下側から支える角材も貼っておくと、屋根板を付ける時に楽になります

04

酒場（タバーン）の風景 **Tavern**

下準備が終わったら下塗りとしてグレーのサフェーサーを吹き付けます

05

サフェーサーを乾燥させます。金属下塗りとしてエッチングプライマーを塗る場合もありますが、別項の「金属部品にエッチングプライマーは必須?」にも書いてる理由でサフェーサーのみの下塗りで済ませています

06

本体の塗装

01 サフェーサーが乾いたら、ドアや窓枠の緑色から塗ります。アクリル絵具ガッシュの黄緑と緑色を混ぜて、ウッドランド・シーニックス社のホームページの色に近い色を作ります

69

建物の製作

調色したガッシュで、ドアと窓枠を塗ります。作例ではウッドランド・シーニックス社のホームページの色にほぼ準じましたが、ここは作る人の好みの色でかまいません

02

03 ドアと窓枠の緑色が乾いたら、レンガ色を塗ります。あえてはみ出して塗る必要もありませんが、この後グレーなどで塗り分けていくのであまり神経質に塗る必要もありません。後で汚しを入れるため、作例ではかなり明るく塗ってありますが、この色合いも好みでもっと暗い色でもよいでしょう

酒場(タバーン)の風景 **Tavern**

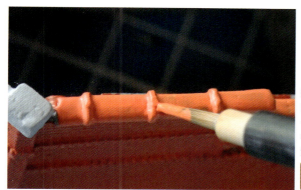

細かい部分を塗り分けて行きます。建物腰部分は石積みのようなので、グレーを基調に明暗をつけたり多少は茶色も少々混ぜるとよいでしょう

04

ガッシュをしっかり乾燥させます。石積みの部分などは、身近な石積みをよく観察し再現してみるのも、正にジオラマ作りの楽しみでもあります

05

屋根の製作

屋根板をキット付属の厚紙から切り出します。作例ではパソコンで原寸図を描き、プリントアウトした用紙を手持ちの厚紙に貼り、その後切り出しました。パソコンが苦手な場合は建物の屋根板が入る部分を採寸し、直接厚紙に描くのもよいでしょう

01

建物の製作

屋根板になる厚紙を切り抜いたら、実際に屋根に当ててみましょう。建物側板の組み方によっては、各々の角度が違っていることもあるので、隙間があまりできるようなら厚紙を作り直します

02

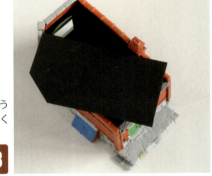

屋根のサイズがぴったり合うようであれば、ガッシュで黒く塗っておきます

03

屋根を葺くのには、600番の耐水ペーパーを使用します。このあたりは厳密なものではなく、もっと目の細かい800番や粗い400番前後の耐水ペーパーでも問題ありません。あるいは波目板などまったく違った材料を使っても良いでしょう。ここでは耐水ペーパーを、1.5cm幅にカットします

04

酒場（タバーン）の風景 **Tavern**

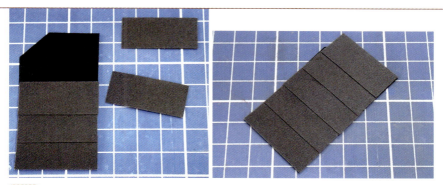

05 いずれにしても、作例では1.5cm幅に切った帯を屋根の下側から順番に張っています。三角の書き取り部分も四角い帯を貼ってしまい、接着剤が乾燥したのち、裏側からカッターナイフで切り取ります

でき上がった屋根板を実際に仮付けしてみて、問題がなければもう一度外して保管しておきます

06

汚し加工

建物を汚したり、目地に色差しをします。基本的には水性のアクリル塗料や絵具を塗った上から、非常に薄く溶いたタミヤのエナメル塗料を流して、拭き取ります。石積みの目地部分に、白のつや消し（XF-2）を流し込みます

01

建物の製作

石積みの部分に黒のつや消し(XF-1)を流し込み、汚れを表現します

02

作業は元の色が完全乾燥していることが条件で、それでも布（綿の端切れ）に浸したエナメルの薄め液（品番X-20）で強く、あるいは繰り返し拭いていると色落ちすることもあるので気を付けましょう

03

汚し加工の終わった状態です。この汚し加工は一種の絵なので、自信がある方はさらに茶系、緑系なども併用しながら汚していくとより奥行きの感じられる作品になるでしょう

04

酒場(タバーン)の風景 **Tavern**

付属品の塗装

キットに付属している看板や浮浪者（?）、ゴミなどですがこれら小物も情景を引き立てる上で重要な役割を果たすので、建物同様、しっかりと手をかけて作りましょう。なお、材質は建物本体同様メタル製なので同じようにヤスリやカッターナイフを使い分けながらバリを取り除いていきます。

キットの付属品です。なお、写真の下に写っている3個の電灯笠は、好みからすると大きすぎるので今回は使用していません。この辺も、作者の感性を入れながら、自由に発想して情景を作りましょう

01

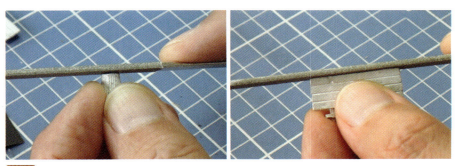
02 それぞれの部品を確認して、バリをヤスリで削り落とします

75

付属品の塗装

溝を紙ヤスリで磨いておくと、色を塗っても溝がはっきり残ります。鉄道車輌などのように触れたりぶつけたりすることがほぼなく、塗料がはがれる心配がほぼないことから下塗り用のサフェーサーもエッチングプライマーも省略しています。発色も含めどうしても気になる方は下塗りをしてもよいでしょう

03

小物用塗料としては、様々な色が出しやすく、比較的手軽に買えるアクリルガッシュ絵の具がおすすめです。絵具や塗料には価格的に安い物もありますが、中には顔料が好ましくなく発色が悪いものもあるのでできれば名の通ったメーカーの製品を使うと退色も含め安心です

04

細かく塗装した後、壁などと同じ要領でタミヤのエナメル塗料を非常に薄くして全体に塗ると、へこんだ部分に塗料が溜まり陰のように見えます。汚しすぎた場合も壁などを同様、柔らかい綿のボロ布にエナメル塗料の薄め液(X-20)を含ませてぬぐい取ります

05

酒場（タバーン）の風景 **Tavern**

看板等の転写

塗装が終わったら付属の看板模様を転写します。これはドライトランスファーと呼ばれるもので、プラモデルでおなじみの水に漬けて転写するものとは全く異なります。いわゆるインスタントリタリングと同様で、対象物の上に貼りたい模様の部分を合わせて、ヘラなどで擦ることで転写されます。

01 位置決めしてフィルムを被せます。この時転写する側の大きさに合わせてフィルムを切っておいてもよいのですが、フィルムをしっかり保持するためにあえて切ってはいません。対象物に合わせた上から、ヘラ状のもので擦り付けます

POINT

02 写真の内右1/3くらいで半透明部分が看板に転写され、あとはまだフィルムに残っている状態です。この状態でフィルムや対象物を動かすと転写するものがちぎれることが多いので、すべてがしっかり半透明になるまで擦り続けます

看板等の転写

03 大きな看板にも広告を転写します。古びた木の質感が出るように予め塗っておきました。なお、楕円形の看板も転写する前に平面は黄色、端面は暗緑色に塗っておきます

その他の広告も組立説明書を見ながら転写します
04

壁のように凹凸が激しいところに転写した場合は、凹になじんでいません。静かに透明フィルムをはがしたのち、指の腹でなじませるようにやさしく押します
05

酒場（タバーン）の風景 **Tavern**

「ＢＡＲ」ロゴとボトルの広告は、写真のように貼る場所よりも印刷の方が背が高く、入りません

06

しかたなく「ＢＡＲ」ロゴとボトルをいったん切り離し、ボトルを先に壁に転写したのち、王冠に重なるように「ＢＡＲ」を転写しました

07

POINT

全ての転写が終わったら全体にフキサチーフか水性のつや消しクリヤーを吹き付け、フィルムを定着させます。古い建物なので、一部剥がれても「味」と考える方はオーバーコートの必要はありませんし、フィルムもちょっと触っただけで剥がれるほど弱くありません

08

建物の仕上げ

建物の外見が仕上がったら、窓をスモーク仕様に変更し、看板を取り付けます。窓は製作者の好みでスモークにしているだけなので、キットのクリアのまま製作しても問題ありません。腕に自身のある方は、あえて窓をクリアのまま製作して、内装を作ってみるというのも良いでしょう。

キットには窓ガラス用の透明部品も付属していますが、作例では作っていない室内が見えるのを嫌って、スモークがかかった塩ビ板を使います

01

窓ガラスの参考寸法

正面大窓・アーチ窓
19mm
40mm

正面入口ドア上アーチ
17mm
5.5mm

裏口ドア上アーチ窓
サイドアーチ窓
19mm
6.5mm
× 2枚

02 使用する塩ビ板を図のような寸法で切り、念のため室内の内側から当てて大きさの確認をしておきます

酒場（タバーン）の風景 **Tavern**

窓ガラスを建物の裏から当てて慎重に位置を決め、一番大きな窓ガラスに宣伝を転写します

03

04 転写が終わったら、クラフトボンドなどですべての窓を貼り、屋根板も取り付けます

看板を取り付けていきます。大きな看板はノリしろもあり、平面なので簡単ですが、接着の際の基本として接着面の塗料を剥がしておきます

05

建物の仕上げ

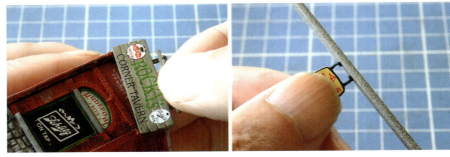

06 建物壁面の塗料も剥がしておいた方がより強固に接着できるのですが、位置決めが困難なことから看板のみの塗装剥離しています。楕円形の看板も接着面の塗装を剥がしておきます

POINT

建物の貼る部分が水平に保てるような工夫をして、乾燥中に看板が倒れないようにします。少量のボンド布用クリヤーで、壁面から直角に取り付けます。ボンドが乾いたらさらに補強を兼ねて少量の瞬間接着剤で根元を止めます

これで建物は完成です。ベースに取り付けていきます

08

酒場（タバーン）の風景 **Tavern**

フィギュア類の設置

ケースにコルクで作ったベースを敷き、その上にフィギュア類を設置します。コルクは表面を塗装し、周りはちぎったままの状態にすることで「シーンを切り取る」というイメージが強められています。バンドのフィギュアは、自分好みの物に変更してももちろんOKです。

ベースとして桜材を使った高級なディスプレーケースを選びました。ドーム型のアクリルカバー付きなので完成後のホコリの心配ありません。配置するフィギュアも用意します

ベースの製作

ベースの上にいきなり情景を作らず、7mm厚のコルク板を使って変化をつけてみます

フィギュア類の設置

コルク板は手で簡単にちぎれます。建物の位置を確認しながら周りをちぎり、ドーム型のアクリルカバーに当たらないような大きさにします

02

コルクの裏にボンドを塗り、接着しますがコルクは水分を含むと反りが出るため、充分乾燥するまで重しをのせておきます

03

コルクを貼ったベースに建物を置き、取り付ける位置を決めます

04

酒場（タバーン）の風景 **Tavern**

木の台とコルク板の接着が乾燥したら、グレーを塗ります。グレーはガッシュ、アクリル等なんでもいいのですが、作例ではざらざら感の出るグレインペイントを塗っています

05

塗装は2度でやめました。下町のタバーンを表現するためしっかりとした舗装ではなく、簡易舗装の雰囲気を出したかったので所々にコルクがのぞいている程度にしてあります

06

建物の設置

ドームカバー内側に看板などが当たらず、周りに人形などが置けるように考えながら建物の位置決めをします。位置が決まったら、建物の裏にボンド布用クリヤーを塗ってしっかりコルク板に接着します

01

フィギュア類の設置

02 小物類や浮浪者を建物周辺に置いてみながら好ましい位置を見つけ、陰のできる範囲も確認しておきます

POINT

エナメル黒と溶剤を適度に混ぜながら、建物に近い部分は暗く、離れるにしたがって明るくなるようにグラデーションをつけます。陰をつける前と比べ、建物と地面の一体感が生まれます

03

04 陰部分のエナメルが乾いたら小物類を接着します

酒場（タバーン）の風景 **Tavern**

05 雑草も植えてみましょう。下町の片隅なので雰囲気を出すため、あまり青々とした草より、枯れかけて茶色くなった草を選びました

06 台紙からピンセットではがし、クラフトボンドを塗って好みの位置に貼ります。草の裏の粘着剤が効いて貼り付いてくれる場合もありますが、耐久力には不安もあるのでボンドで貼ります

バンドの設置

楽しい情景には大勢の出演者が必要です。作例ではキットの浮浪者の他に、同じウッドランド・シーニックス社から発売されているジャグバンド(品番A1902)も配置します

01

フィギュア類の設置

このフィギュアは塗装済みなので気楽に使えますが、建物のウエザリング（汚し塗装）と合わせるため、建物や地面と同様に墨入れをします

02

フィギュアに墨入れをして、影を付けた状態です

03

位置を考えながら、一体ずつボンド布用クリヤーで配置していきます

04

酒場（タバーン）の風景 **Tavern**

05 すべての配置が終わったら、人形の下にも影をつけると落ち着いた感じになります

完 成

完成です。バンドが演奏する音楽が聞こえてくるような、臨場感のある情景になりました

06

TECHNICAL COLUMN

金属を染めてみましょう

　金属ならではの着色方法、それが「染液」です。以前は一般的に「黒染め」とか「ガンブラック」と呼ばれ模型店でも買うことができましたが、現在では法規制で気軽に販売することができなくなっています。黒染め液はその名の通り黒く染まるのですが、写真のものはアメリカ製でレイル・ウエザリング・ソリューションという液体です。名前の通り、鉄道模型のレールをこげ茶色に染めるためのものです。真っ黒に染まらなけらばならない場合もあるでしょうが、ジオラマではこのこげ茶がいかにも錆が出ているようでかえって好ましく感じられます。

❶作業がしやすいように広口びんに少量入れています。液体は何度か使いまわしがききますが、古い液と新しいものは分けておいた方がよいでしょう。広口びんの手前にあるのが、作例のタバーンに付属していたドラム缶でまだメタルの銀色をしています ❷ドラム缶を液体に入れると室温が25度程度あれば1分位で色が変わって泡も出てきます。写真では泡の量も多く、細かく白いカサブタ状のものがたくさんついていますが、これがあまり出ない時もあります。これは金属の材質によるものかどうかは不明です ❸色がこげ茶になったら液から取り出し、コップ状のものに入れて流水で洗います。金属表面に酸化被膜を作っていると想像されるので液体の成分が残らないように充分流しましょう。写真の例では白いかさぶたが沢山ついていますが、古歯ブラシなどで静かにこすれば落ちます。ただ、この部分に染めむら（色むら）が起こります ❹水洗いを充分にして乾燥させたドラム缶です。塗装ではなかなか出せない錆びの感じが簡単に出せます。色むらなどをどうとらえるかですが、染めあがってみないとどうなるかわかりません。これも「染め」の楽しみの一つと考えてみてはいかがでしょう。ちなみにこのドラム缶は、作例のタバーンに小物として使っているのでそちらもご覧ください

金属への塗装について2

　下塗りが最も必要と思われる状況を再現してみました。金属製のレールに色を塗ってレール踏面のみ塗料をきれいに剥がしてみます。レールはボロ布で軽くぬぐったのち、下塗りをしました。双方の下塗り後丸1日置き、手前のレールをシタデル、奥のレールをタミヤのエナメル塗料で塗り、2日ほど置いてから踏面の塗料をカッターナイフでそぎ落とし、その後800番の耐水ペーパーでこすりました。下塗りは必要かといった疑問を解くのが本題ですが、テストの結果をみれば場合によっては「必須」とも言えます。ただ、金属部品などでは絶対に必要かといえばそうとも言えず、当たり前ですが塗装後にその金属部品などがどのように使われるかによって使い分けるのが良いかと思われます。

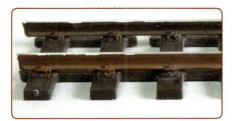

下塗り無しです。手前レールに塗ったシタデルも、奥のタミヤも同じようにエッジがチリチリと剥げている状態です

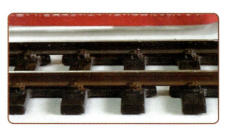

Mr.メタルプライマーを塗った場合です。下塗りなしよりははるかに良い結果ですが、右側あたりに多少の剥げが見られます

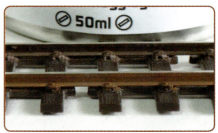

ガイアマルチプライマーを塗った場合です。見事に1ヵ所も剥がれていません。最上の結果です

Large curve of snow
雪の大カーブ

小さなサイズでもできるだけ雄大な風景を再現

　ジオラマと言えば鉄道模型というほど（鉄道模型ではレイアウトとかセクションなど専門用語がありますが）一般的なものなので、本書でも小さなセクションを作っていきます。

　ただ、ひとひねりして全面雪景色に仕上げてみます。線路は直線部分を模型化する方が簡単ですが、ここではあえて小さなスペース内でできるだけゆったりとしたカーブ＝大カーブを再現してみましょう。

　鉄道レイアウトの基本的な手法でベースを作り上げ、できるだけリアルな雪景色を作る為のテクニックを学びましょう。また、踏切や踏切を待つ車なども丁寧に細工を行ない、できるだけリアルに仕上げていきます。

雪の大カーブ Large curve of snow

大きくカーブする線路が、雄大な景色を想像させるレイアウトです

1 車輛や踏切警報機にも雪を付着させています **2** 線路脇の雪は、コースターフを使って、厚みを出しています **3** レール周りや踏切周りは、できるだけ自然に見えるように下地をしっかり作ります **4** ミニカーも雪仕様に仕上げています

93

雪の大カーブ **Large curve of snow**

「寒さ」まで伝える作り込み

使用する主な素材類

このジオラマを製作するための、主な素材類です。レールには自由に曲げられるタイプのフレキシブルレールを使うことで、思い通りの大カーブを描くことができます。

ケース
少なくとも車輌を1輌入れるため、100円ショップで手に入る、300円の大きめのタイプのケースを使います

フレキシブルレール
自由に曲げて使うことができる、レール素材。一般的には「フレキ」と呼ばれています

モデリングペースト
積もった雪の基本部分は、このモデリングペーストで表現します。轍なども再現することができます

コースターフ
線路脇の草の上に積もった、厚みのある積雪を表現するために雪パウダーの下に使用します

雪パウダー
雪の表層部分を再現する、白色のパウダーです。目の粗さも選べるので、好みに合わせて使い分けましょう

車輌
1/150、つまりNスケールの車輌です。好みで選んで構いませんが、選ぶ車輌である程度時代感が決まります

ミニカー
スケールを合わせた1/150サイズの車です。表現したい時代に合わせた車種・年式を選ぶのがポイントです

PARTS LIST
- スチレンペーパー
- スタイロフォーム
- 踏切キット
- ホワイトジェッソ

雪の大カーブ **Large curve of snow**

ベースの製作1

ケースの形に合わせてスチレンを切り出します。切り出したスチレンに大まかな配置図を書いて、それに合わせてレールとスタイロを加工して貼り合わせます。この段階でしっかり成形しておかないと、後々問題が出てくることもあるのでしっかり形を作っておきましょう。

レールの配置を決める

ケースは製作面積で間口約22cm、奥行き最大幅で12.5cm位です。完成すると見栄えが良いのですが、手前がラウンドしているため作るのに手間がかかります。真四角なケースがあればそちらの方が作りやすいでしょう。製作ベースとなる白いスチレンの板の切り出しは、p45～をご参照ください

01

線路はNゲージ用を使いますが、プラスチックの道床付きのものと、写真手前のフレキシブルレール（以下フレキ）と呼ばれるものがあり、作例では自由に曲がるフレキを使います

02

ベースの製作

フレキは約90cmの長さで販売されているので、厚紙のテンプレートより数センチ長めに切ります

03

POINT

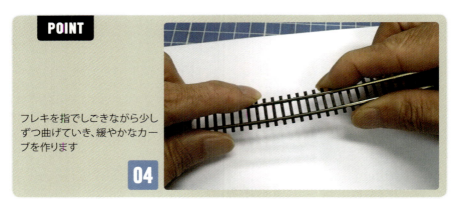

フレキを指でしごきながら少しずつ曲げていき、緩やかなカーブを作ります

04

テンプレートに合わせて、フレキを曲げた状態です

05

雪の大カーブ **Large curve of snow**

スタイロの加工

厚さ2cmのスタイロフォーム（以下スタイロ）で、築堤部分を作ります。厚紙テンプレートをスタイロに当てて、シャープペンシルなどで外形を写し取ります

01

写し取った外形に合わせて、曲げたフレキを所定の位置に置きます

02

フレキの位置も、スタイロの上に写し取ります

03

ベースの製作

ヒートカッターを築堤の斜面に傾け、線路の枕木よりかなり広い幅を取って切り抜きます

04

POINT

前面のRが付いた部分は垂直に切ります。ヒートカッターがない場合はカッターナイフで少しずつ切り取り、最後に紙やすりなどで仕上げます

05

スタイロを、このような状態に切り分けます

06

雪の大カーブ **Large curve of snow**

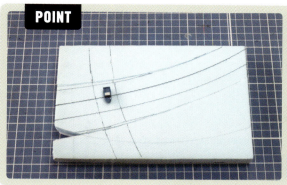

POINT

築堤を切り抜いたスタイロを再度合わせ、踏み切り部分をケガキ（ペンで印をつける）ます。踏切の幅は手持ちのNスケールの自動車を置くなどして決めます。自動車が無い場合は、自動車の実物幅約1.7mをN縮尺の150で割ると1cm程度になるので参考にしてください

07

テンプレートを元に切り出した厚さ3mmのスチレンの板に、築堤と踏切部分を貼り付けます

08

接着剤が乾いた段階で踏切への道に勾配を付けたり、築堤の成形をします

09

101

ベースの組み立て

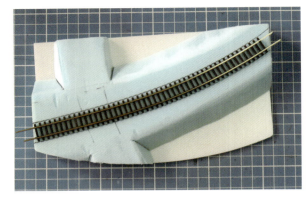

スタイロでの大まかな形ができたら再度線路を置き、カーブの具合いや長さを確認します

01

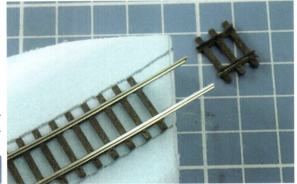

線路をカーブに合わせて置いたら、不要部分の枕木を一旦外します

02

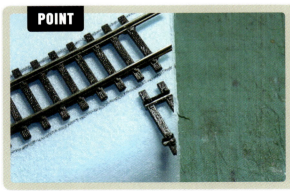

POINT

築堤の端に合わせてレールをカットし、ヤスリで仕上げておきます

03

雪の大カーブ **Large curve of snow**

枕木裏面にボンド布用クリヤーを塗って、築堤に接着します。端の部分は切り取った枕木を流用します。築堤の角度に合わせて斜めに切り、下から差し込みます
04

レールの間にたまった雪を表現するために、厚さ1mmのスチレンの板を使います。適当な長さと幅に切ったスチレンをレールの上にのせ、レールの跡が付くように指の腹で強く擦ります
05

レールに押し付けたことで、スチレンの裏にはこのようにレールの跡が付きます
06

ベースの製作

カッターナイフで切りやすくするために、レールの跡をサインペンでなぞります

07

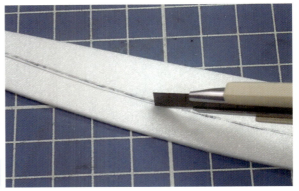

ペンでなぞった線の内側をカットしてゆきます。内側にオフセットさせる量は、車輪のフランジ（つばのような部分）が入る分の寸法で、片側約1mm弱です

08

レール間に入るスチレン（雪）は、車輌があれば実際に当ててみて支障がないか確認してみます。幅が広くて車輪の間に入らなければヤスリで少しづつ調整するほか、あまりにも細すぎれば作り直しましょう

09

雪の大カーブ **Large curve of snow**

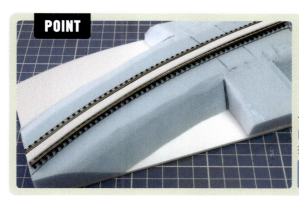

できあがったらレールの間に置いて確認しておきます。まだ接着はしません

10

レールの金属部分に、プライマー（ガイアマルチプライマー）を下塗りします

11

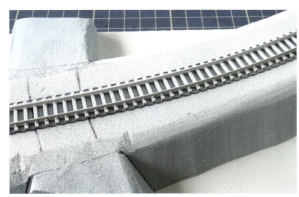

白のサフェーサーを吹きつけるか、筆塗りをします。作例では、ホワイトサフェーサーを3度吹きつけています

12

ベースの製作

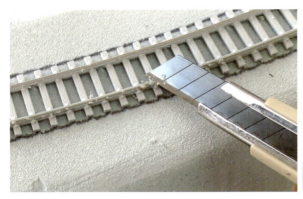

白塗装が乾燥したら、レール上面（踏面）の塗料を剥がします。はじめにカッターナイフを寝かせて、レール上面の塗料を削ぐように剥がします

13

上面の白塗装がほぼ剥がれたら、600～800番の耐水ペーパー（紙やすり）で丁寧に上面すべてを剥がします

14

作っておいたレール間の雪を接着し、車輌を実際にのせて支障がないことを確認しておきましょう

15

雪表現のもう一つの方法

雪を表現するのにも、いくつかの方法があります。ここでは、軽量石粉粘土を使った方法を紹介します。石粉粘土を使う場合は、粘土だけである程度厚みを出せるのと、造形が自由にできるというのがメリットです。好みに合わせて技法を使い分けてみましょう。

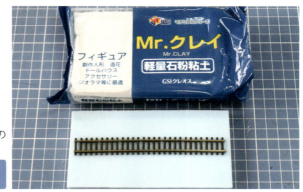

実験用の線路で試してみるのは、石粉粘土を使う方法です
01

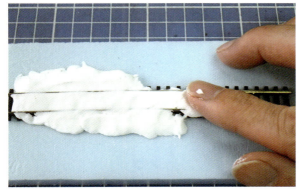

粘土を指で押し付けながら、線路と面一の高さまで盛ります
02

雪表現のもう一つの方法

レール内側の粘土を、ヘラや楊枝を寝かせてかきとります

03

盛り上がった部分は、ヘラの先など平らなもので削ぎ取ります

04

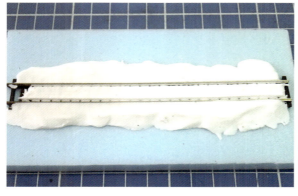

03と**04**を繰り返しながら雪に埋もれた線路を再現します

05

雪の大カーブ **Large curve of snow**

ベースの製作2

スタイロとスチレンを加工して、大まかな造形を終えたベースに細かいストラクチャーを設置します。踏切部分が主な加工のポイントで、ガードレールと踏切警報機を設置し、斜めになる道路部分を製作します。

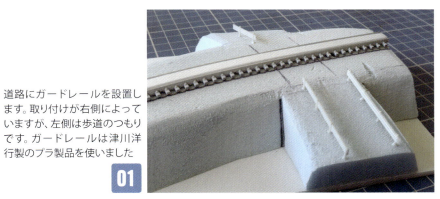

道路にガードレールを設置します。取り付けが右側によっていますが、左側は歩道のつもりです。ガードレールは津川洋行製のプラ製品を使いました

01

ガードレールに合わせて、適当な厚紙で線路を横断する道路部分も作っておきます

02

ベースの製作2

踏切警報器を準備します。製品はトミーテックのプラ製品です

03

製品は台の上に警報器、柵、遮断機ステーが取り付けてありますが、台と遮断機は不要なのでこれらを分解し警報器と柵のみにします。裏側から尖った工具で押すと外れる場合もあるので、無理をしない程度に一応押してみます

04

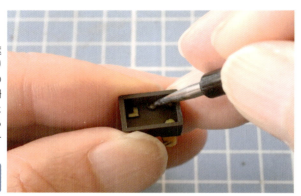

04で外れなかった場合は、台と部品の間にカッターナイフの刃を無理やり差し込んで押し切ります。力がいるので怪我に充分気をつけましょう

05

雪の大カーブ **Large curve of snow**

踏切警報器を分解した状態です

06

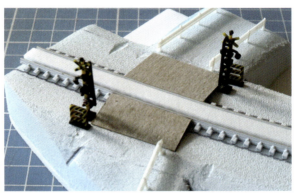

分解した踏切警報器を仮置きして、設置する位置を決めます。位置を決めたら、クラフトボンドで接着します

07

路肩(線路わき)などに積雪した時を想像しながら、モデリングペーストを盛っていきます

08

ベースの製作2

09 大まかにモデリングペーストを盛った状態です。前記した「雪表現のもう一つの方法」で製作する場合はこのモデリングペーストを石粉粘土に置き換えてお読みください

道路部分を白く塗った後、全体的に石粉粘土を盛りながらモデリングペーストの凸凹を埋めていきます

10

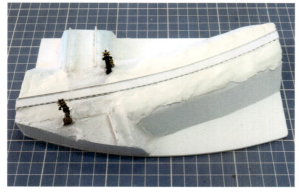

モデリングペーストを盛り終えたら、しっかり乾燥させます

11

雪の下地製作

ベースの上に直接雪のパウダーを撒くだけでは、リアルな雪の質感を得ることができません。この作例では、コースターフを使って線路脇に積もった雪の厚みを再現し、モデリングペーストで踏切周りの細かい雪の再現をしていきます。

ウッドランド・シーニックス製のコースターフ（Coarse Turf Yellow Grass T61）を使って、枯れ草を表現します

01

線路脇に木工用ボンドを筆塗し、枯れ草のマテリアルを接着します

02

雪の下地製作

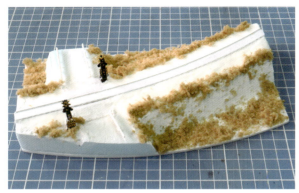

「線路脇の枯れ草の上に雪が積もった景色」を想像して、枯れ草を接着します

03

イメージが徐々に固まってきたら、モデリングペーストを使って細部の積雪を表現してゆきます。ガードレール脇に除雪された雪だまり、踏切警報器付近の雪、歩行者用の除雪などです

04

03 道路のワダチは、実際のNゲージサイズミニカーを使って押し付けます。ミニカーにはモデリングペーストが付着しますが、実際に使うのでそのままにしておきましょう

雪のパウダー加工

パウダーを使って、雪の表層部分を再現していきます。薄めたボンドをベース全体に吹き付け、パウダーを撒いていきます。パウダーが定着する前に、線路周りの雪を爪楊枝や筆を使って整えて、車輌が通過した雰囲気を出すのがポイントです。

枯れ草の接着剤が乾いたら、いよいよ雪を「降らせます」。雪として使用するのは、モーリンの「スノーパウダー 粉雪細目 No.514」です

POINT

ボンド水溶液を用意します。霧吹きのボトルに木工用ボンドを入れ、界面活性として中性洗剤を2滴ほどたらします。そこに水を加え霧吹きのノズルから出る最大限の濃さの水溶液を作ります。水はボンドの倍程度が目安で写真の新聞紙に吹いた濃さを参考にしてください

雪のパウダー加工

線路部分を10mm幅のマスキングテープで覆ったのち、この水溶液をまんべんなく吹き付けます。もちろん踏切警報器もガードレールなども含めます。その上から雪材料を指でふりかけていきます

03

1回目雪のパウダーを撒いた状態です

04

雪は合計で3回撒いたのが写真です。雪の量(積雪)は好みで変えましょう。最後の雪撒きが終わったら1〜2時間程度待って、生乾きになった所で線路のマスキングテープをはがします

05

雪の大カーブ **Large curve of snow**

マスキングテープを剥がしたら、線路間中央に少々薄めたボンドを塗り、地肌のスチレンがやっと隠れる程度に薄く雪を撒きます。そして、生乾きの内にレール内側を楊枝でなぞって雪かきをします

06

07 平筆で余分な雪を掃きだします。楊枝でなぞっては平筆で余分な雪を掃く作業を3～4度くり返し、車輌が通過した雰囲気を出します。踏切は線路に対して直角の刷毛目を付けます

ベースの全面に、雪を降らせた状態です。パウダーが完全に定着するまで、動かさないようにしましょう

08

各部の仕上げ

各部の仕上げ

ベースの側面は、モデリングペーストに白色のジェッソかガッシュを混ぜた物を塗って仕上げます。鉄道車輌とミニカーはモデリングペーストで雪の付着した状態を再現します。実際の車輌に付着した雪の資料などを参考にすることで、車輌もよりリアルさを増すことができます。

ベース側面の仕上げ

ジオラマの周りを仕上げます。モデリングペーストに半分程度のホワイトジェッソ、またはガッシュを混ぜて周りに厚めに塗ります

01

スポンジを写真程度の大きさにカットしてペタペタと波模様をつけます

02

雪の大カーブ **Large curve of snow**

スポンジでテクスチャーを付けた状態です。こうした細部にも気使って仕上げましょう

03

ジオラマ周囲の仕上が充分乾燥したら、ケースの黒いベースに貼って完成です

04

車輌の加工

01 やっぱり線路には車輌があった方がいいという人は、車輌も雪仕様にしましょう。作例は急行用ディーゼルなので今回の情景にはちょっと不釣り合いですが、雪汚しのサンプルとしてご覧ください。まずは床下や台車、車体を通常通り汚します。塗料はタミヤのエナメル塗料の黒や茶系を薄めながら使うのは本誌の各所に掲載されてる方法と同じです

各部の仕上げ

手持ちのディーゼルカーにはスノープロウがついていなかったので、別部品で入手し取り付けました。連結器も本来は密着連結器ですが、手持ちの自動連結器を付けています。これらを取り付けてから、雪代わりのモデリングペーストをそれらしく塗ります

02

雪が付着している部分は、実際の写真などを参考にするとリアルに仕上がります

00

ミニカーの加工

アクセサリーとして自動車も、「雪仕様」にしてみましょう。踏切のワダチをつける時に使ったミニカーのフロントウインドウに、マスキングテープを貼ります

01

雪の大カーブ **Large curve of snow**

窓枠に合わせて、マスキングテープをカットします

02

貼ったテープにサインペンでワイパーの形を書き、カッターナイフで周りを切り取ります

03

モデリングペーストをそれらしく塗り、窓のマスキングテープを剥がします

04

各部の仕上げ

ペーストが乾かない内に、モーリンのスノーパウダーを振りかけます

05

雪仕様に仕上げたミニカーを、踏切の部分に配置します

06

> **POINT** **雪表現は下地作りが重要**
>
> 雪の表現はパウダーだけで行なっているように思われる方も多いと思いますが、実際にはパウダーは表層だけで、その下の部分をしっかり作っておかないと、思い通りの雪景色を作ることができません。レール部分や車の轍などを、パウダーを撒く前に作りこんでおくことがジオラマの完成度を上げます。また、雪景色写真等、資料も揃えておくことでよりリアルさを追求することが可能になります。

雪の大カーブ **Large curve of snow**

車輌をレールの上にのせます。踏切との距離感を見て、バランスの良い位置に決めましょう

完 成

08 完成です。さらに凝るのであれば、車輌に行き先表示なども入れればもっと臨場感が出るでしょう

TECHNICAL COLUMN

草を立てたい！

本書の「川の小道のある雑木林」の製作記事の中でノッホのマスターグラスを混ぜて草むらを表現しています。最近では数社からこのマスターグラスと似た商品が発売になっていますが、これらはすべて静電気を利用して実物の草（イネ科の?）のように立てることができます。記事の中でも小さなパックのプラ製ふたを布でこすって静電気を発生させ、撒いたマスターグラスに近づけて立たせています。今回のような小さなジオラマだと、これでもいいのですが、もっと本格的に草を立たせる方法もあります。

写真は、マスターグラスの発売元でもあるノッホ社の静電植草をまとめたものです。大きなドライヤーのようなものはグラスマスターという商品で、現在はコレの出力を上げた（より草が立ちやすくなった）改良品が発売されています。カップに入った物はグラスグルーと呼ばれる商品で、簡単に言えば木工用ボンドの硬さと乾燥速度を調整したような接着剤です。ただ匂いは木工用ボンドとは異なります。右手前は「川と小道のある雑木林」でも使い、ここでサンプルとしても使っている2.5〜6mm長さの繊維が混ざったもので、色合いも緑から薄茶色のものが混ざっていて、使いやすいマスターグラスです

1 グラスマスターのカップの中にマスターグラスを入れ、メッシュのフタをしておきます **2** 準備ができたら草を撒く場所にグラスグルーを塗ります **3** マスターグラスから出ているコードを撒く場所にアース（ここではスチレン板にワニ口クリップを咬ませる）して、その真上でグラスマスターを縦にして振ります **4** 静電気によって、このように草が立った状態になります **5** 良い感じで立った草が再現できました。タイトル写真はこのテストボードの上にフィギュアを立たせて大きさ（高さ）比較をしたものですが、大きい方は身長約2cm（HOサイズ）、小さい方は1cm（Nサイズ）を置いてあります

Climbing trees
川と小道のある雑木林

木漏れ日の小道と穏やかに流れる小川が臨場感を生む

　緑のある風景をジオラマで再現していと思う方も多いはずです。パウダー類も緑のものは様々販売されており、その使い方で同じ緑でも色々な表現をすることができます。
　ここでは、夏になると蛍が飛び交い、子供たちは水遊びもしたきれいな小川が流れ、雑木林では薪にするためのクヌギが沢山生えていた頃の山里を再現します。美しい田舎で生まれ育った人ならばその頃の故郷を想い出しながらデザインしましょう。必ずしも作例通りに作る必要はありません。作例をヒントにして、自分の思い描く風景を作り出しましょう。

できるかぎり本物の質感に近づけた、
自然の景色を作り上げます

1 雑木林の中にある小道は、このジオラマのポイントです 2 川はエポキシ樹脂を基本素材に使用して再現します 3 天然素材のオランダドライフラワーを使って、樹木を再現します 4 川辺の草は、静電気を使って立たせることでリアルさを追求しています

川と小道のある雑木林 **Climbing trees**

雑木林の一部を切り取る

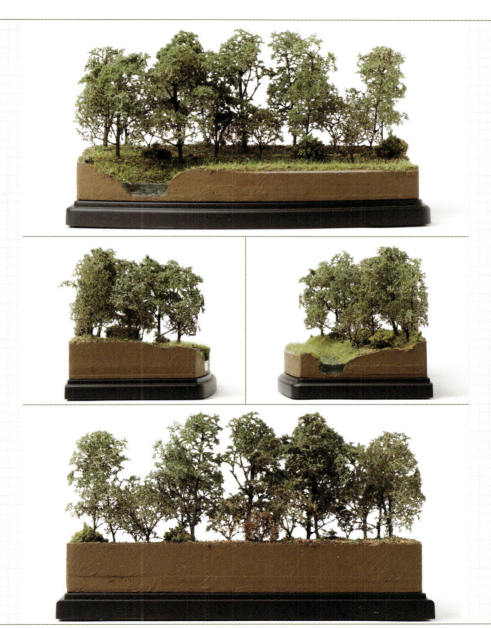

使用する主な素材

このジオラマの製作に使用する、主な素材類です。パウダーの色合や荒さは、好みに合わせて変更してください。

ケース
100円ショップで売られている、300円の大きめタイプ物を使用します

オランダドライフラワー (スーパーツリー)
天然の植物を使用した、樹木再現用の素材。加工して使用します

透明エポキシ樹脂
2液を混合させて硬化させるタイプの、水再現素材です

海外のパウダー類
沢山のメーカーから日本製では得がたい様々な粗さ、色がでています

カントリーグラス CS-06
入手しやすく、価格的にもリーズナブルな日本製のパウダーです

混合パウダー
捨てずに回収したパウダー類を、集めておいたものです

Rストーン 川石丸 521
砂利や川などに使え、沢山の種類が揃う日本製の細かい粒です

リーブズ
パウダーの粒が、基本的に葉の形に似た楕円形をしています

マスターグラス
繊維上のパウダーで、静電気を使って立てた状態を作れます

PARTS LIST
- スチレンペーパー
- スタイロフォーム
- モデリングペースト
- カラージェッソ
- サンディー
- ポリファイバー

川と小道のある雑木林 **Climbing trees**

ベースの作成

この作例でも、ケースは300円の物を使います。ケース及びスチレンなどを切り抜く厚紙テンプレートに関しては本誌「'60年代のガソリンスタンド(p.40〜)」と「雪の大カーブ(p.92〜)」の作り方を参照してください。

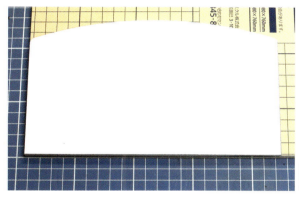

テンプレートをのり付きのスチレン(ハリパネ)に合わせます

01

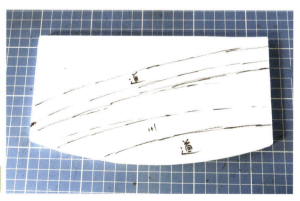

厚さ3mmのスチレン板と7mmのハリパネを、ベースの形に切り抜きます。なお7mm厚は、粘着剤の付いていない通常のスチレンでも支障はありません。厚さ7mmのハリパネに、大まかなイメージを書き込みます

02

川に向かって斜めにカッターナイフで切ります。写真では3mmのスチレン上に置いてありますが、まだ貼り付けてはいけません

03

厚さ7mmのハリパネを案内にして、厚さ2cmのスタイロから雑木林（大きい方）を、1cmのスタイロからは手前の道部分を切り出します

04

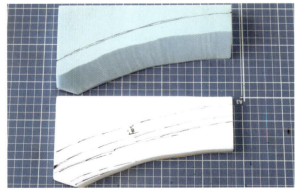

1cm厚は2cmのスタイロの半分にして使ってもかまいません。いずれにしても、川に向かって傾斜が付くように斜めに切ります

05

川と小道のある雑木林 **Climbing trees**

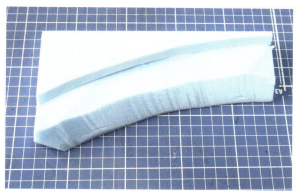

雑木林部分に遊歩道を作ります。上面から5mm程度掘り込む感じで、一段低い歩道を作ります

06

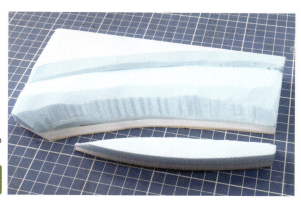

川側は肩を落とす感じで、斜めにカットします

07

踏み固められた歩道を表現します。380番程度の粗めの紙やすりを幅1cm位に切り、指の腹でこするようにして一段低い部分を表現します

08

手前の道路部分も路肩の草むらを残し、一番手前の舗装部分を一段低くしておきます

09

カットしたスチレンを、7mm厚のハリパネの上に配置します。位置が決まったら、クラフトボンドで貼り合わせます

10

POINT　ベース作りに求められる「想像力」

　大雑把な造形ではありますが、地形を作るスタイロの成形は、ジオラマベースの基本となる部分です。オリジナルの地形を作る場合は、要素の配置をしっかり考えるようにしましょう。基本的には正面から見るものですから、正面から見た時に一番バランスが良く見えるようにするのが基本です。この上にモデリングペーストやパウダーが重なっていくので、それを想像しながら加工する必要があります。

川と小道のある雑木林 **Climbing trees**

ベースの塗装とパウダー加工

本誌の他の作例と同様に、画材を使って地面の表現をします。少々の盛り上がりをつけるのはモデリングペーストを主体として、乾燥後にザラザラ感の出るサンディーも加えます。当作例の地面表現にもこれらのほか着色剤として、同じく画材のカラージェッソのローアンバーを使います。

ベースの塗装

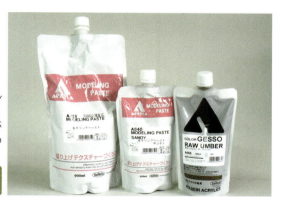

使用する材料です。今回はホルベインの物を使っていますが、同じ名前の色でもメーカーが異なると色も違うので気をつけましょう

01

三種類をほぼ同量ずつ小皿に取ります

02

色ムラが無くなるまで、よくかき混ぜます

03

別項で筆の話もしていますが、大ざっぱに塗る場合は惜しげのない安い筆で充分です。塗るというより「置く」感じで、意識的に凹凸をつけながらたっぷりと塗っていきます

04

塗装直後の状態です。触らないようにして、しっかり乾燥させます

05

川と小道のある雑木林 **Climbing trees**

乾燥後は多少ひけて(収縮して)、大人しい凹凸になっているのがわかります。乾燥に伴う色の変化も多少はありますが写真ほどではありません

06

乾燥した小道の部分です。道の形がしっかり出ていることを確認しておきます

07

川底の製作

川底を作ります。この川は農業用水というより水源のある比較的きれいな川をイメージしてあります。したがって川底は土というより、砂利が見えるように作ります。まず、川底にボンドを塗ります

01

ボンドを塗った部分に、モーリンのRストーン 川石丸 521 を敷きます

02

接着剤が乾いたら汚し塗装と同様にエナメル塗料の黒を充分薄めて陰影をつけましょう

03

水草とパウダー

01 川の中に水草を植えます。水草はウッドランドシーニックスのポリファイバー(Poly Fiber Green FP178)を、指で適当に引き延ばして使用します

川と小道のある雑木林 **Climbing trees**

POINT

前提として川の水が左から右に向かって流れていることにすると、水草は左側に根があって右に向かってなびいているようにします。写真では川の中央に置いてありますが、どちらかと言えば川岸に沿って植えると良いでしょう

02

歩道中央を除いた土部分全体に、枯れ葉色のベースとしてパウダーを撒きます。パウダーはモーリンのカントリーグラス CS-6 を使います。川底石と同じようにボンドをたっぷり目に塗った上からパウダーを撒き、乾燥後に余分なパウダーを振るい落とします

03

水の材料を流し込む前に、川の両端をマスキングテープでしっかり止めます。少しでも隙間があると漏れ出てくるので、充分押えます

04

139

川の流れを再現する

小川を流れる水を再現していきます。ジオラマ用の水表現素材は数タイプありますが、今回は2液を混合して硬化させるタミヤ製の透明エポキシ樹脂を基本に、表面の流れを表現するために、ウッドランドシーニックスのウォーターリプルズを組み合わせて使用します。

基本の水表現

水素材には、タミヤの透明エポキシ樹脂を使います

01

着色剤としては同じくタミヤのエナメル塗料、クリヤーブルーとフラットブラウンを使いますが、これにごく少量のクリヤグリーンを混ぜるとより深みのある感じになります

02

川と小道のある雑木林 **Climbing trees**

主剤対硬化剤の2:1はしっかり守りましょう。間違えると硬化不良や経年での黄ばみの原因になると言われています。エポキシは色分けして水深を出したいために、2度に分けて流し込みます。そのため、量は川の総量の半分前後を作ります

03

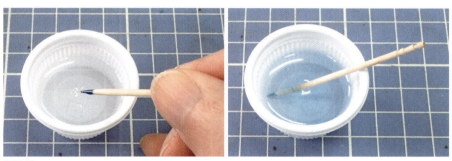

04 まず、着色剤を混ぜていきますが、主剤と硬化剤を混ぜる前の主剤に着色します。着色剤は総量に対して極わずかで、マヨネーズカップの量に楊枝の先で少しずつ青で着色していきます

POINT

途中でブラウンも足します。ブラウンを足すことで、水が若干濁った感じになります

05

主剤は最終的に写真程度の色まで染めたのち、硬化剤を入れてよく攪拌します。硬化には非常に時間がかかるので、あわてずに静かに充分攪拌します

06

エポキシを流し込みますが一気に流さず、最初は攪拌棒などで水草によくなじむように、少しずつたらすように入れていきます

07

川底部分にある程度入れたら、残りをカップから直接流し込んでも大丈夫です

08

川と小道のある雑木林 **Climbing trees**

エポキシは流動性が高く、毛細管現象でパウダーにも駆け上がるように染み込んでいきますが、あとで草などを撒くので心配はいりません。1回目のエポキシ流し込みが終わったら、平らでホコリの少ない場所で硬化を待ちます。少なくとも24時間くらいはかかるので、製品の説明書をよく読みましょう

09

1回目に流し込んだエポキシの硬化が終了したら、2回目の流し込みをしますが、着色は1回目より薄くします

10

流し込んだ時に丁度水草が隠れるくらいが適量ですが、足りなければ再度主剤と硬化剤を混ぜて新たに流し込みます。3回目が少量ならば、あえて着色は不要です

11

流れの再現

エポキシが完全乾燥したら、流れを表現します。エポキシは流動性が高く、乾燥後の表面は平滑なので、さざ波の表現には少々硬めのウッドランドシーニックスのウォーターリプルズ（Water Ripples CW4515）を使用します

01

POINT

流れる方向、つまり作例では左から右へ筆を動かして塗っていきます。なるべく波が立つように塗ります

02

時間と共に平らになろうとするので、様子を見ながら（気温によっても違いますが30分〜1時間）筆や楊枝で波を付け足します

03

草と地面の再現

エポキシが完全乾燥したら草を撒きます。単調にならないように、何種類かパウダー類を混ぜた物を使います。作例ではノッホのマスターグラス（品番0703）、シーニックエクスプレスのスーパーリーフ(品番SE6121とSE6151)を主に、モーリンのカントリーグラスの緑系、茶系を少量混ぜています。

川辺の草の再現

様々な形や、同じ緑色でも色合いの異なるパウダーを混ぜた物を用意します
01

薄めたボンドを、川岸の地面に塗ります
02

雑木林内部と川岸の雑草に変化を出すために、撒く範囲を川の両岸のみにとどめます

03

POINT

ノッホのマスターグラスは静電気で立つため、撒いた直後にプラスチックを布でこすり、マスターグラスにごく近づけて立たせます。作例ではパックのフタを使っています

04

川岸に草を植えた状態です。草の量は、好みに合わせて調整してください

05

雑木林内の地面の表現

雑木林内部は落ち葉が重なったり、陽があまりささないことを想定して、茶系のパウダーを混ぜます

01

POINT

このパック内のパウダーは、何度か撒いてはふり落としていたものを捨てずに回収しておいたもので、砂状の物や小石も混ざっていますが、これがかえって自然な仕上がりになります

02

03 茶系の新品のパウダーと、02で紹介した混合パウダーを混ぜながら、雑木林内の地面部分に撒きます

よりリアルな樹木の再現

雑木林の素材としては、繊細な感じが出せるさかつうギャラリーのオランダドライフラワー（スーパーツリー）を使います。自然素材なので大小様々な物があり、基本的な工作方法を覚えておけば自分の好みに合わせた木を作ることができます。

オランダドライフラワーは、このようなパッケージで販売されています

01

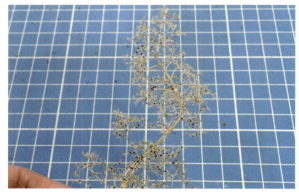

自然素材なので、ほぼ100％曲がったり、反ったりしています

02

川と小道のある雑木林 **Climbing trees**

POINT

曲がりを修正するには、ハンダゴテを使うのが最適です。曲がったオランダドライフラワーの先端を平らなものに当てて置き、曲がったり丸まったりしている外側（凸側）に熱したコテを押し付けて、強制的に真っすぐにします

03

焦げ目も付きますが、塗ってしまうので問題はありません。火傷と火災に充分注意しましょう

04

オランダドライフラワーのパックには大きな枝だけではなく、一見クズに見える小さな物も沢山含まれています。このような小枝も、使い方で充分木（灌木）になります

05

小枝の反っている背中同士を合わせて瞬間接着剤で留め、余分な枝は切り落とせば、手ごろなサイズの木ができます

06

オランダドライフラワーのパックには、小枝の他、幹状の物や自分で格好のいいところを使ってしまった部分もあります。これも使って二股に分かれた木を作りましょう。まずは枝を二本合わせて瞬間接着剤で留めます

07

先端は切りっぱなしなので、針状の物で小さな穴をあけ、小枝を差し込んで幹の頂上を作ります

08

川と小道のある雑木林 **Climbing trees**

先端に小枝を差し込んだ状態です

09

POINT

横に延びる枝も幹を取り付けるために、ピンバイスや針状のもので小穴をあけます

10

先端同様に形のよさそうな枝を差し込みます

11

好みに合わせた枝を増やして、自分の思う形の樹木を作り出しましょう

12

オランダドライフラワーのパックに入っているままでは使えるところが少ないように思えますが、実はこのように工夫次第で様々な樹木ができるのです

13

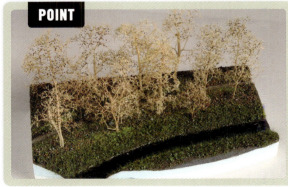

POINT

でき上がった木々を一度ジオラマに挿してみて、様子を見ながら本数などを合わせます。地面にあけてしまった穴は再利用してもいいですし、位置が変わるようなら少量のボンドを垂らして、パウダーで補修しておきます

14

川と小道のある雑木林　**Climbing trees**

今回のタイトルは「雑木林」なので、木々の中を縫うようにはしる小道が一番大切です。両側から覗いてみて、自分が明るい雑木林の中を散策している気持ちになって配置しましょう

15

オランダドライフラワーは入荷時期によって色合いが異なるので、グレー系や茶系など気に入った色に1本1本着色しておきます

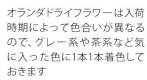
16

実際の樹木の写真などを参考にしつつ、好みの色合いに塗りましょう

17

POINT

1本ずつ塗るのが大変な場合は、写真のように余ったスタイロフォームなどに挿し、持ち手を付けた状態で色を吹き付けても良いでしょう

18

まとめて塗る塗らないは別として、いずれにしても持ち手を付けてスプレーのり（3Мの77）を吹き付け、すぐにパウダーを茶こしでふりかけます。この作例で使用したパウダーは、ウッドランドシーニックスのブレンド・ターフ(Blended Turf T-49)です

19

1度ではどうしてもパウダーのかけ残しが出るので、そこを狙って再度この工程を繰り返します

20

川と小道のある雑木林 **Climbing trees**

できるだけ幹部分にのりがかからないように吹き付けても、どうしても幹部分にものりとパウダーがかかってしまうので、薄めたグレー系や茶系の画材や塗料で主に幹や太い枝部分を塗り直します

21

できあがった木を、ジオラマに植えます。試し刺しの下穴が使えればそのまま、位置変更があれば千枚通しなどで穴を新たにあけ、たっぷり目のボンドを垂らして木を差し込みます

22

ボンドを塗った穴に、木を差し込みます

23

差し込んだ木の根元には、パウダーを撒いて自然に生えたように見せます。これが樹木を自然に植えるコツのひとつです

24

同様にして、必要な樹木を全て植えます

25

樹木を全て植え終わったら、ジオラマベースの周囲を仕上げます。今回はモデリングペーストと茶色のジェッソを半々ずつ混ぜ、硬めの絵具にして、油絵のようなきつい刷毛目が出るようにしました

26

川と小道のある雑木林 **Climbing trees**

川にはどうしてもパウダーなどが落ちるので、小さく切ったセロテープなどで取るか、充分湿らせた小筆ですくい取るようにして川面をきれいにします。ただ、実物でも木の葉などが流れているので、あまり神経質になる必要もありません

27

完成

28 完成です。使用するパウダーの色を変えることで、季節感を変えることができます。また、「雪の大カーブ」を参照して、雪景色などにしてみても良いでしょう

SHOP INFORMATION

ジオラマの専門店「さかつうギャラリー」

「さかつうギャラリー」は、全国でも数少ないジオラマの専門店です。材料はもちろん、プロのジオラマ作家が製作した完成品なども販売しています。また、ウェブショップも展開し、通信販売にも対応しています。

東京のJR巣鴨駅から歩いて3分程の所に、「さかつうギャラリー」の店舗はあります。ジオラマの専門店として運営されている同店は、世界的にもよく知られているドイツ製のミニチュア「Preiser（プライザー）」の日本輸入総代理店でもあります。店内には様々なジオラマ用の素材が並べられており、その在庫量は日本でも随一と言って良いでしょう。代表の坂本氏を中心として、ショップのスタッフは皆ジオラマのプロ。様々なジオラマに対して、適切な素材選びをアドバイスしてくれます。ジオラマ製作を始めたいと思っているなら、是非一度訪れていただきたいショップです。

1 広く明るい雰囲気の店内には、7,000点を越えるジオラマ用の素材が在庫されています **2** ジオラマ作家による完成品の販売も行なっています

1 植物などの情景小物は、日本一の品揃えと言っても過言ではないでしょう **2** 輸入総代理店であるプライザーのフィギュアは、スケール違いで幅広いタイプを展示しています **3** 樹木類は完成品からキットまで、様々なタイプが揃っています **4** 塗料や接着剤等も、用途に合わせた物が揃います **5** 建物はスケールごとに、完成品からキットまで在庫されています **6 7** 取材時は諸星昭弘氏の作品が展示されていました

Special Thanks

坂本直樹氏
さかつうギャラリー代表。プランニングをご担当いただきました

坂本憲二氏
さかつうの模型作家。本書の作例製作をご担当いただきました

SHOP DATA

さかつうギャラリー
東京都豊島区巣鴨3-25-13　クラブリーシュ1階
Tel.03-3949-2892
営業時間:10:30～19:00
定休日:毎週木曜日
URL http://www.sakatsu.jp

さかつうワークショップ
埼玉県北本市中央1-141　高松ビル1階
※工房のためご来店はいただけません

ワンランクアップテクニック

2017年12月31日 発行

STAFF

PUBLISHER
高橋矩彦　Norihiko Takahashi

SUPERVISOR
有限会社さかつう
　坂本憲二　Kenji Sakamoto
　坂本直樹　Naoki Sakamoto

EDITOR
後藤秀之　Hideyuki Goto

DESIGNER
小島進也　Shinya Kojima

ADVERTISING STAFF
久嶋優人　Yuto Kushima

PHOTOGRAPHER
梶原　崇　Takashi Kajiwara (STUDIO KAZY PHOTOGRAPHY)
坂本憲二　kenji Sakamoto

PRINTING
中央精版印刷株式会社

PLANNING,EDITORIAL & PUBLISHING
（株）スタジオ タック クリエイティブ
〒151-0051 東京都渋谷区千駄ヶ谷3-23-10 若松ビル2F
STUDIO TAC CREATIVE CO.,LTD.
2F,3-23-10,SENDAGAYA SHIBUYA-KU,TOKYO 151-0051 JAPAN
[企画・編集・広告進行]
Telephone 03-5474-6200　Facsimile 03-5474-6202
[販売・営業]
Telephone & Facsimile 03-5474-6213
URL http://www.studio-tac.jp
E-mail stc@fd5.so-net.ne.jp

警告 WARNING

■ この本は、習熟者の知識や作業、技術をもとに、編集時に読者に役立つと判断した内容を記事として再構成・掲載しています。そのため、あらゆる人が作業を成功させることを保証するものではありません。よって、出版する当社、株式会社スタジオ タック クリエイティブ、および取材先各社では作業の結果や安全性を一切保証できません。また、本書の趣旨上、使用している工具や材料は、作り手が通常使用しているものではない場合もあります。作業により、物的損害や傷害の可能性があります。その作業上において発生した物的損害や傷害について、当社では一切の責任を負いかねます。すべての作業におけるリスクは、作業を行なうご本人に負っていただくことになりますので、充分にご注意ください。

■ 使用する物に改変を加えたり、使用説明書等と異なる使い方をした場合には不具合が生じ、事故等の原因になることも考えられます。メーカーが推奨していない使用方法を行なった場合、保証やPL法の対象外になります。

■ 本書は、2017年11月10日までの情報で編集されています。そのため、本書で掲載している商品やサービスの名称、仕様、価格などは、製造メーカーや小売店などにより、予告無く変更される可能性がありますので、充分にご注意ください。

■ 写真や内容が一部実物と異なる場合があります。

STUDIO TAC CREATIVE
㈱スタジオ タック クリエイティブ
©STUDIO TAC CREATIVE 2017 Printed in JAPAN

● 本誌の無断転載を禁じます。
● 乱丁、落丁はお取り替えいたします。
● 定価は表紙に表示してあります。

ISBN978-4-88393-805-6